Fr. Ricardo Ferreira dos Santos, ofm

Maria e a Igreja à luz do mistério de Cristo, Verbo encarnado

Fr. Ricardo Ferreira dos Santos, ofm

Maria e a Igreja à luz do mistério de Cristo, Verbo encarnado

Eclesiologia Mariana em São Boaventura

CREDO EDICIONES

Imprint

Cover image: www.ingimage.com

Publisher:
CREDO EDICIONES
ist ein Imprint der / is a trademark of
International Book Market Service Ltd., member of OmniScriptum Publishing Group
17 Meldrum Street, Beau Bassin 71504, Mauritius

Printed at: see last page
ISBN: 978-613-2-66031-2

Maria e a Igreja à luz do mistério do Verbo encarnado: Eclesiologia mariana em são Boaventura

Fr. Ricardo Ferreira dos Santos, ofm

Índice

Introdução

São Boaventura ressalta o lugar de Maria na obra da redenção. O doutor franciscano a exalta e a coloca num lugar preeminência. A Virgem tem íntima relação com o mistério da encarnação e, por conseguinte, com toda a Igreja.

Seguindo a tradição teológica franciscana, acentua o lugar fundamental de Maria na eclesiologia. Esta não é meramente um apêndice na compreensão da teologia, mas um elemento fundamental e relevante que nos ajuda a pensar o mistério da Igreja. A figura de Maria está associada ao mistério da encarnação. Cristo e o seu Espírito Santo são o fundamento ou o princípio de compreensão tanto da mariologia como da eclesiologia, estabelecendo entre ambas profunda relação vital e fundamental. Cristo está tanto na origem do mistério da pessoa e da vocação de Maria como no mistério da Igreja.

Dito isto, como estabelecer esta relação entre Maria e a Igreja? E qual o significado teológico da figura de Maria para a Igreja e para a espiritualidade de cada membro fiel em particular?

Neste sentido, propomos a luz de Cristo, Verbo encarnado aprofundar o papel de Maria e a sua relação com a Igreja, segundo são Boaventura. Perguntamos sobre o lugar da Virgem na eclesiologia, isto é, em sua relação com o mistério da Igreja.

Desenvolvemos esta reflexão do seguinte modo: o princípio da relação e unidade entre Cristo, Maria e a Igreja acontece no mistério da encarnação. Em Cristo se dá a relação esponsal com Maria e a Igreja. Entretanto, a Igreja tem a sua origem e fundamento na Virgem, em sua colaboração na economia da salvação. Maria não somente está no início, mas também é modelo da comunicação da graça na Igreja. Igualmente é o princípio e o exemplar da santidade na vida da Igreja e dos seus membros, especialmente em referência à vida de santidade dos seus ministros. O Espírito Santo em sua inspiração nos ajuda a pensar o significado do mistério da Virgem e sua relação com a Igreja através de inúmeras metáforas ou imagens bíblicas. E, por fim, refletimos sobre o lugar de Maria na Igreja. Em sua dignidade, a Virgem se encontra no vértice da Igreja. Ela está no lugar mais alto acima de todas as ordens seja no céu ou na terra; acima de todas as criaturas e de todo corpo místico. Ela é o fundamento dos fundamentos sobre o qual foi construído o edifício da Igreja em Jesus Cristo, a pedra angular. Deste modo, a obra de Maria, querida por Deus e fruto da santíssima Trindade, redundou em santificação e graça para toda Igreja. À luz do mistério da Virgem Maria, a Igreja e cada membro fiel se espelha em suas virtudes, beleza e graça. Ela simboliza também a meta a qual todos os fiéis batizados devem almejar e alcançar.

1. Maria e a Igreja no mistério da encarnação

Qual o fundamento ou princípio que relaciona Maria a Igreja ou vice e versa? Essa relação de Maria com a Igreja acontece mediante o mistério da encarnação do Verbo. A partir deste mistério em Cristo, Maria está unida a Igreja e a Igreja está unida a Maria.

Declara o doutor franciscano que o seio virginal de Maria foi o tálamo onde Deus se uniu a natureza humana, abraçando-a, unindo-a a si com vínculo nupcial[1]. Entretanto, a participação da Virgem no mistério da encarnação não se dá somente na concepção, mas ao longo de toda vida de Jesus, especialmente no momento da Paixão.

Afirma o doutor seráfico em seu sermão *"Cristo, Mestre Único de Todos":*

[1] *Anunciación de la B. Virgen Maria*, sermo 4, p. 777, in, BUENAVENTURA. *Obras de San Buenaventura,* t. IV, 1ª. ed. Madrid: BAC, 1947.

"A saída é ao Verbo encarnado que é o leite dos pequeninos, do qual se lê em são João: 'o Verbo se fez carne e habitou em meio a nós'. Desta saída se fala o cântico dos cânticos: Saí, ó filhas de Sião, e vereis o rei Salomão com o diadema com a qual coroou sua mãe no dia dos desponsórios, dia que ficou coroada de alegria o seu coração. Este diadema com a qual é coroado por sua mãe, o verdadeiro e pacifico Salomão, é a carne imaculada que tomou da Virgem Maria, a qual se chama diadema de desponsórios porque com ela se desposou com a santa mãe Igreja que foi formada de seu lado, assim como Eva do lado do varão. E dela toda hierarquia eclesiástica é purificada, iluminada e aperfeiçoada. E por isso há de olhá-la como pasto vivificador de toda Igreja..."[2].

Essa carne imaculada de Maria unida a Cristo no mistério da encarnação se tornou "*verdadeiro pasto vivificador de toda Igreja*". O doutor franciscano elogia a Maria ao máximo chamando-a de "diadema" ou coroação, momento forte que possibilitou o mistério da íntima relação esponsal com Cristo. Dá-se então profunda relação esponsal de Cristo com a carne imaculada de sua mãe que nos valeu a redenção. A partir daí, Maria se tornou origem, modelo ou ícone de santificação da Igreja. Com efeito, essa santificação em virtude da encarnação do Verbo deve continuar na Igreja e, por conseguinte, através dela como que sinal ou sacramento de perfeição cristã.

Em sua obra "*De Septem Donis Spiritus Sancti*" (Os Sete Dons do Espírito Santo), s. Boaventura procura explicar a razão pela qual a Virgem Maria se encontra no princípio e no fundamento da Igreja:

"A Igreja teve que ser fundada; por isso foi conveniente encontrar os fundamentos, ou seja, os mandamentos de Deus e foi conveniente que

---

2 *Cristo, Maestro Unico de Todos,* n. 13, p. 689, in, BUENAVENTURA. *Obras de San Buenaventura,* t. I, 1ª. ed. Madrid: BAC, 1945.

estivessem sobre alguma pessoa. Então, não houve outro lugar a não ser sobre a Virgem gloriosa..." [3].

Para são Boaventura, Maria, a Virgem gloriosa é a "mulher forte"[4]; alguém valorosa, santa, virtuosa, cheia de fé e da graça do Espírito Santo. Espiritualmente fecunda em sua concepção gerou a Cristo. Em Maria a Igreja encontra o seu fundamento[5]. Porque ouviu e praticou a Palavra do Senhor, tornou-se a mulher sábia que edificou a casa preparada para nós por Deus e que outrora Eva tinha destruído com o seu pecado. Na pessoa da Virgem Maria, Deus reparou a nossa salvação[6]. Com efeito, Maria, mulher obediente a Deus, estava interiormente tão enraizada pelos dez mandamentos que se tornou fundamento da Igreja.

Maria participou ativamente deste momento sublime com Cristo, cooperando com o seu Filho na obra da redenção. A Virgem em sua vida peregrina esteve unida a Cristo em dois momentos fundamentais de sua função materna: na concepção e na Paixão. Entretanto, presente no momento da cruz, a Virgem ofereceu ao Pai aquele que ela mesma concebeu. É por isso que o doutor franciscano a chama de mulher forte e piedosa[7].

Junto à cruz, Maria esteve presente, aceitando e se conformando a vontade divina. No momento da Paixão, a Virgem ofereceu e entregou o seu Filho na cruz como preço da redenção do gênero humano, afirma o doutor franciscano[8]. Não foi ela que operou a redenção, mas o seu filho mediante o mistério da cruz.

Entretanto, neste momento, Maria se apresenta não somente como mãe que concebe, mas também como discípula de seu filho, ativamente

[3] *Los Siete Dones del Espiritu Santo*, c. 6 n. 7, p. 523, in, BUENAVENTURA, *Obras de San Buenaventura*, t. V, 1ª. ed. Madrid: BAC, 1948.
[4] DSSt c. 6 n. 1, p. 517.
[5] Ibid. c. 6 n. 7, p. 523.
[6] Ibid.
[7] Ibid. c. 6 n. 15, p. 531.
[8] Ibid. c. 6 n. 15-17, p. 531-533.

unida e solidária a ele no sacrifício da Paixão, oferecendo-se a si mesma. Em razão disto, Maria foi mulher piedosa e compassiva para com a humanidade[9].

Unindo-se a si mesma ao sacrifício de seu Filho, Maria participou na obra redentora de Cristo. Com efeito, a compaixão e a solidariedade de Maria para com o seu filho na cruz significou igualmente compaixão e solidariedade para com a humanidade. Segundo os desígnios de Deus, Cristo na cruz associa a sua mãe a Igreja e a Igreja a sua mãe, segundo o evangelho de são João[10].

Com efeito, o momento da participação no mistério da cruz foi verdadeiramente o momento das dores do parto de Maria[11]. Estas dores não aconteceram antes, porque Maria não concebeu em pecado a exemplo de Eva, mas depois do parto, no momento da cruz[12]. Estas dores de Maria não afetaram o seu corpo físico, mas o seu coração; não se tratou da dor segundo a corrupção, mas a dor de compaixão e caridade[13].

Segundo o evangelho de Lucas, uma espada traspassará a sua alma[14]. Deste modo, Maria associada ao sacrifício de Cristo gerou a Igreja[15]. Não somente Cristo em seu corpo físico, mas também de suas entranhas o povo cristão foi gerado[16]. Daí porque, por excelência, ela é mãe de todo povo cristão[17]. E assim como Eva foi formada do lado de Adão adormecido

---

[9] Ibid.
[10] Ibid. c. 6 n. 15, p. 531. Cf. Jo 19, 25. 26.
[11] Ibid. n. 18, p. 533.
[12] Ibid.
[13] Ibid.
[14] Ibid. Lc 2, 35.
[15] *"Nisto podemos entender que todo o povo cristão foi produzido do ventre da Virgem gloriosa"*. Ibid. n. 20, p. 535. CECCHIN, Stefano M. "Maria", in, CAROLI, Ernesto (cura*), Dizionario Bonaventuriano*. Padova: Ed. Francescane, 2008, p. 540. Cf. também: BIGI, Vicenzo Cherubino. *Studi Sul Pensiero di San Bonaventura*. Assisi: Edizioni Porziuncula, 1988, p. 316. CECCHIN, Stefano M. *Maria Signora Santa e Immacolata nel pensiero francescano. Per una storia del contributo francescano alla mariologia*. Città del Vaticano: Pontificia Academia Mariana Internationalis, 2001, p. 91-93.
[16] Ibid.
[17] Ibid. c. 6 n. 20, p. 535.

também a Igreja foi tirada do lado de Jesus adormecido na cruz. De Adão e de Eva foi gerada a humanidade; e de Cristo e a Igreja foi formado o povo cristão, declara o doutor franciscano[18].

Em Cristo através de Maria também nos foi dado os sacramentos e a sua graça eficaz. Destes sacramentos renasceu a Igreja. Com efeito, Maria santíssima está na origem e no fundamento não somente do povo cristão, mas igualmente dos sacramentos pelos quais a Igreja é formada.

Afirma o doutor seráfico:

"E, por que tomou uma de suas costelas embora estivesse dormindo? Porventura não poderia fazê-lo estando ainda acordado? Há aqui um mistério. Por acaso se formou a Igreja do lado de Cristo...? E de seu lado brotou sangue e água, quer dizer os sacramentos pelos quais renasce a Igreja. Da costela de Adão foi formada Eva, a que se uniu em matrimônio com ele. Assim como o homem foi formado de terra virgem, assim Cristo da Virgem gloriosa. E assim como do lado de Adão adormecido foi formada a mulher, assim também a Igreja de Cristo, pendente na cruz. E como de Adão e Eva foram formados Abel e seus sucessores assim de Cristo e da Igreja todo o povo cristão. E assim como Eva é mãe de Abel e de todos nós, por sua vez, o povo cristão tem por mãe a Virgem"[19].

Maria de modo especial está na raiz do sacramento do Corpo e do Sangue do Senhor. Neste sentido, afirma o doutor franciscano em outro texto que o sacramento da Eucaristia está associado a Virgem Maria[20]. O pão eucarístico que é o Corpo do Senhor é o mesmo que outrora foi concebido no seio da Virgem. Este Corpo hoje está no céu e, ao mesmo tempo, se oculta no Sacramento do Altar. Por isso, esse Manjar tão nobre

[18] Ibid.
[19] Ibid.
[20] BUENAVENTURA. *Del Santíssimo Cuerpo de Cristo*, n. 39, in, *Obras de San Buenaventura* II, Jesu Cristo. Madrid: BAC, 1967, n. 37, p. 650.

tem a sua mais nobre origem em Maria. Daí a necessidade de sua intercessão para participarmos frutuosamente da Ceia do Senhor. É preciso invocar o patrocínio da bem-aventurada Virgem porque sem a sua mediação não recebemos dignamente a virtude desse Sacramento. Se por meio dela nos foi dado esse santíssimo corpo físico assim também devemos recebê-lo sacramentalmente de suas próprias mãos e por ela oferecido, sob as espécies sacramentais, aquele que dela nasceu em seu seio virginal e que por ela nos foi doado.

Portanto, assim como Maria foi mediadora de graças na encarnação também continua sendo hoje na recepção do sacramento da Eucaristia. Além disso, considera Afonso Pompei a oblação sacramental da Eucaristia tem o seu começo e fundamento na oblação realizada por Maria no templo[21].

Declara o doutor franciscano que o mistério da encarnação tem utilidade, ou seja, a finalidade de produzir seu fruto[22]. Este fruto oriundo do seio virginal de Maria é Jesus Cristo. Ele foi gerado por Deus Pai e concebido pela Virgem em virtude do Espírito Santo[23]. Esta obra de Deus redundou e ainda redunda em muitos benefícios. Neste sentido, das entranhas da Virgem Maria nos é dado este fruto segundo a fé, a esperança e a caridade.

Em primeiro lugar, Cristo como fruto do seio virginal de Maria nos é dada a fé pela qual podemos crer e contemplá-lo[24]. Em segundo, este fruto é suavíssimo para o desejo da esperança. Além do mais, se trata de odor suave capaz de excitar em nós o desejo de chegarmos a Cristo, nossa eterna

[21] De Purif. B. V. M. sermo 5 n. 1, in, BONAVENTURA, *Opera Omnia. Sermones de tempore, de sanctis, de B. Virgine Maria et de diversis,* t. IX. Firenze: Ad Claras Aquas (Quaracchi), 1901, p. 654-655.. Cf. também, POMPEI, Afonso, *Eclesiologia franciscana,* in: MERINO, Jose Antonio y FRESNEDA, Francisco Martinez (coord.) Manual de Teologia Franciscana, Madrid: BAC, 2003, p. 230.

[22] De Ann. B. V. M. sermo 3 n. 3, in, BUENAVENTURA. *Obras de San Buenaventura,* t. IV, p. 765.

[23] Ibid. p. 765-767.

[24] Ibid. p. 767.

felicidade[25]. E em terceiro, Cristo nos é dado pelo consolo da caridade[26]. Em Maria nos é concedido o dom da Palavra e da Eucaristia que nos alimenta. Cristo é o fruto da caridade, manjar de muito sabor e doçura. Este alimento saboroso e salutar é o Verbo encarnado outrora manifestado na concepção da Virgem Maria.

Portanto, compreende o doutor franciscano que em Maria se encontra a origem de Cristo como fruto da árvore da vida contemplado e acolhido mediante as virtudes teologais no sacramento da Palavra e da Eucaristia. Com efeito, a Igreja é formada, constituída e edificada mediante as virtudes teologais e os sacramentos, especialmente pela recepção do sacramento da Eucaristia, com o qual nos unimos mais e mais a Cristo e aos irmãos. Por conseguinte, Maria não é somente a origem e o fundamento, mas também doadora dos frutos dos sacramentos, especialmente da Eucaristia. Ela é realmente mulher eucarística, ou seja, comunicadora dos frutos dos sacramentos.

Em suma, a figura de Eva é o tipo ou figura de Maria como esposa de Cristo, e também como mãe não somente do corpo físico, mas também do Corpo místico desde a encarnação até a finalização dos tempos na glória[27]. Este corpo humano do Verbo divino, concebido no seio de Maria, é o mesmo corpo glorificado que constitui a totalidade dos membros do seu corpo místico. Deste modo, a imagem de Maria, segundo são Boaventura, tem profunda relação com a Comunidade eclesial. Ela está no fundamento e na origem, na continuidade, simbolizando também o fim da Igreja. Como Virgem glorificada no céu aponta para a realização escatológica do futuro da Igreja.

2. Relação esponsal com Cristo

[25] Ibid. p. 769.
[26] Ibid. p. 769-771.
[27] POMPEI, Afonso, *Eclesiologia franciscana,* p. 231.

Qual o significado da relação esponsal entre Cristo, Maria e a Igreja?

Segundo são Boaventura, Maria e a Igreja estão unidas a Cristo em amor esponsal desde o mistério da encarnação do Verbo. A partir da concepção de Jesus no seio de Maria no mistério da união hipostática da natureza divina com a natureza humana fundou a relação amorosa e esponsal de Cristo com a humanidade. Com efeito, a festa do Natal significou a celebração destas bodas ou união conjugal com Cristo:

"O nascimento de Cristo é descrito do útero porque se acrescenta: este enquanto esposo procede do seu tálamo. Afirma-se ainda que Cristo é esposo da alma, da Igreja e da natureza assumida. E que está unido em amor puro, amor benévolo e amor perpétuo. E porque no útero virginal a natureza humana está unida ao Verbo, conforme a união da esposa com o esposo com amor indivisível. Logo, se pode dizer que o esposo procede de seu tálamo"[28].

O tálamo significa a câmara nupcial do seio de Maria onde se realizou o matrimonio da natureza divina com a natureza humana na unidade da pessoa de Cristo. Esta união conjugal do divino com o humano em Maria nas entranhas de sua carne imaculada fundou a relação esponsal de Cristo com a Igreja e a alma fiel. A partir dessa relação conjugal profunda, a presença do Verbo encarnado tem início em Maria e por meio dela a presença de Deus se completa. Portanto, através de sua carne a natureza humana se uniu a Deus[29].

O doutor seráfico ressalta continuamente em sua mariologia eclesiológica a relação esponsal entre Cristo e a sua Igreja, citando várias vezes trechos da epístola aos Efésios[30]. Nessa relação entre Cristo e a sua

---

[28] In Nat. Dom. sermo 26 n. 2, in, BONAVENTURA, *Opera Omnia. Sermones de tempore, de sanctis, de B. Virgine Maria et de diversis,* t. IX, Firenze: Ad. Claras Acquas (Quaracchi), 1901, p. 125.

[29] De Ann. B. V. M. sermo 4, n. 1, BUENAVENTURA. *Obras de San Buenaventura*, t. IV, p. 775-775.

[30] Ef 5, 23.

Igreja, a Virgem Maria se faz presente desde o início. Trata-se das bodas entre Deus e a humanidade, preparadas desde o Antigo Testamento.

Por sua vez, a Igreja é a esposa virginal de Cristo, cujas bodas começaram no seio de Maria, no momento da encarnação do Verbo e que continuaram em sua vida pública, foram aperfeiçoadas na paixão, renovaram-se, ratificaram-se e manifestaram-se em Pentecostes. A Eucaristia, por sua vez, é o memorial e o penhor da perpetuidade dessas bodas. Presente a essas bodas, que continuam no tempo até a parusia, em virtude do Espírito Santo, Maria está sempre presente[31].

Segundo o doutor franciscano essa relação esponsal que acontece em Maria desde o mistério da encarnação é a medida ou o modelo da relação esponsal de Cristo com a sua Igreja e com cada pessoa fiel. Portanto, com Maria tem início essa relação esponsal que continua na Igreja ao longo da história.

Nessa relação com Cristo ressalta e eleva sempre mais a dignidade de Maria e, por conseguinte, o seu lugar e a sua função fundamental na história da salvação e na vida da Igreja. Os atributos, virtudes e graças de Maria se referem à Igreja como princípio e modelo a ser imitado. Este mistério da Virgem refletida na relação com Cristo ilumina o mistério da Igreja.

Segundo o doutor seráfico, Maria é a esposa do Senhor em vista de sua beleza virginal que a adorna por dentro e por fora, ou seja, no corpo e na alma[32]. Com efeito, a ela se aplica os atributos bíblicos de "formosa" e "Virgem"[33]. Apoiando-se em são Bernardo exalta ao máximo a beleza de

---

[31] POMPEI, Afonso, *Eclesiología franciscana*, p. 237.
[32] De Ann. B. V. M. sermo 2 n. 1, in, BUENAVENTURA, *Obras de San Buenaventura,* t. IV. p. 721.
[33] Ibid.

Maria. Segundo o doutor franciscano, esta virgindade e beleza se referem à pureza virginal e a dignidade maternal[34].

Para que pudesse conceber o Filho de Deus,

"convinha que tivesse Mãe formosíssima pela beleza da incorrupção, Mãe puríssima pela simplicidade de intenção..."[35].

Maria possuía tanto a virgindade corporal como a espiritual[36]. Afirma são Boaventura que esta obra não foi casual, mas intencional, virtude da graça em vista de nossa utilidade. Com são Bernardo exalta a grandeza da fecundidade mariana[37]. Tal fecundidade da Virgem foi também incomparável ou desejável para nós, declara[38]. Por consequência, a fecundidade ou concepção desejável se estende também às almas santas, sendo comum a todas[39].

As almas santas continuam a conceber Cristo espiritualmente de modo pleno, ou seja, "septiforme", como fruto da graça divina e são simbolizadas na Bíblia pelas sete mulheres estéreis que conceberam em virtude da generosidade ou liberalidade do Senhor[40]. O doutor franciscano fala de sete mulheres do Antigo Testamento que precederam a Vigem; cada uma delas concebeu um dom do Espírito Santo. Estas sete mulheres gestantes (Sara, Rebeca, Raquel, a mulher de Manué, Ana, mulher de Sunam, Isabel) são também figura espiritual da Virgem.

Entretanto, estas mulheres do Antigo Testamento, geraram parcialmente, enquanto Maria concebeu plenamente[41]. Por conseguinte, Cristo é aquele que possui a plenitude absoluta do Espírito septiforme[42]. No Novo Testamento essa concepção se dá de forma plena e tem início na

[34] Ibid. p. 723.
[35] Ibid. p. 725.
[36] Ibid.
[37] De Ann. B. V. M. sermo 2 n. 2, in, ibid. p. 739.
[38] Ibid. sermo 2, n. 2, p. 741.
[39] Ibid. p. 743.
[40] Ibid. p. 743-749.
[41] Ibid. p. 751.
[42] Ibid.

pessoa de Maria. Desta maneira, a concepção espiritual de Maria aconteceu de tal maneira em perfeição que não pode ser figurada de modo simples, mas múltipla[43]. Nela o verdadeiro significado da concepção maternal alcançou a sua plenitude.

Segundo o doutor franciscano essa virgindade fecunda e maternal da Virgem se tornou princípio e modelo da concepção da vida espiritual. Portanto, Maria em sua maternidade fecunda e virginal como obra do Espírito Santo é modelo de todas as almas que concebem espiritualmente. Segundo são Boaventura, a perfeição de sua concepção corporal realiza aquela espiritual. Logo, Maria possui a plenitude dessas duas concepções, corporal e espiritual.

Essa relação esponsal com Cristo funda relação familiar ou de parentesco de modo que Maria, a Igreja e a pessoa do fiel se apresentam como esposas e mães de Cristo. O doutor franciscano recolhe antiga tradição teológica e eclesial que coloca a Virgem Maria em paralelo com a Igreja e a alma (cada um dos fiéis que creem). Em cada uma delas age o Espírito Santo que realiza a união com Cristo. Todas as três são esposas, mães e virgens[44].

Maria é assim modelo de esposa virgem, santificada e cheia de graça e também exemplo de maternidade. Pela ação do Espírito Santo a maternidade da Virgem se tornou perfeita[45]. Em Maria também se dá em perfeição a fecundidade da graça que gerou o Filho de Deus. Igualmente, Maria foi esposa fiel de Cristo e da Trindade não somente no momento da concepção, mas durante toda a sua vida. É por isso que lhe é dada uma graça especial para que pudesse ser fiel esposa durante toda a sua existência. A Virgem unida a seu Filho está profundamente inserida no

---

[43] Ibid.

[44] Cf. POMPEI, Afonso, ibid. p. 227.

[45] Brev. p. 4 c. 3 n. 5, in: BUENAVENTURA, *Obras de San Buenaventura*, t. I, 1ª. ed. Madrid: BAC, 1945, p. 343.

mistério da redenção e na vida da Igreja. Ela é a figura madura e realizada da vida eclesial salvo as suas distinções humanas.

O Espírito Santo com a sua graça age em Maria, na Igreja e na pessoa do fiel. Tudo o que o Espírito opera em Maria opera também na Igreja e em seus membros em particular, estabelecendo no tempo unidade e continuidade.

3. Ação do Espírito Santo em Maria e na Igreja

O doutor franciscano percebe vínculo e continuidade profundos entre Cristo, Maria e a Igreja. Como então explicar essa relação?

Trata-se de relação interior e indissolúvel, fruto da caridade que em última análise é obra do Espírito Santo. O Espírito Santo que no princípio agiu em Maria continua a agir na Igreja. Logo, o mistério da graça em ordem a encarnação do Verbo que no início se manifestou em Maria continua igualmente na história da Igreja. Desde Maria há ampliação e crescimento progressivo da história da salvação. O Espírito Santo é o princípio da graça que atua na economia da salvação, unindo a Cristo, Maria e a Igreja.

O Espírito Santo é o amor que procede do Pai e do Filho; juntamente com o Filho, é o doador dos carismas das graças à Igreja. Igualmente, Ele nos dispõe à graça. Em Maria, o Espírito Santo age desde a concepção do Verbo. E segundo o evangelho segundo Lucas, a Virgem concebeu do Espírito Santo[46]. Por conseguinte, o Espírito Santo é chamado de amor ou a caridade. Ao descer o Espírito Santo sobre a Virgem lhe é concedido este amor da caridade que procede de Deus. A presença do Espírito de caridade no seio da Virgem a santificou, a fecundou e a purificou de todo pecado de modo que Jesus nasceu fruto do amor da Virgem e de Deus[47].

---

[46] Lc 1, 28-35.
[47] DSSt n. 8, p. 525.

O Espírito Santo é o amor fervente, fecundo, imaculado[48]. O mesmo realizou maravilhas na carne de Maria, sob o seu consentimento e liberdade. No corpo de Maria, o Espírito Santo em amor ardente, gerou o Verbo. Ele a purificou, a santificou, preparando-a para a concepção do Senhor[49]. A sua virgindade interior e exterior é ação do Espírito Santo que a modelou, a guardou e purificou em sua virgindade[50]. No corpo e na alma, Maria é virgem imaculada. Assim como o Cristo foi o mais formoso entre os filhos dos homens, o cordeiro imaculado, o santo dos santos, convinha que o mesmo tivesse mãe formosíssima pela beleza da incorrupção[51]. Maria foi mãe puríssima e santíssima na sinceridade do amor[52].

Por apropriação afirma são Boaventura é dito que a Virgem concebeu por obra do Espírito Santo. Mas não somente o Espírito Santo agiu em Maria na obra da encarnação, mas também toda Trindade[53]. Pela ação do Espírito Santo o mistério da encarnação se realizou em Maria, não tolhendo a sua decisão e liberdade, considerando a sua fé, o seu desejo ardente e consentimento[54]. Daí porque desceu sobre ela o Espírito Santo, cuja virtude, afirma o doutor franciscano,

"concebeu virgem ao Filho de Deus, a quem virgem lhe deu à luz e permaneceu virgem depois do parto" [55].

No momento da concepção do Verbo em seu ventre, Maria não estava sujeita ao pecado, mas era absolutamente santa e imaculada, razão de Maria ser chamada de "Mãe de Deus".

Assim como o Espírito Santo esteve presente na vida e missão de Maria, igualmente atua na Igreja e na pessoa de cada fiel. Nestas três

---

[48] Ibid. col 6 n. 11, p. 527.
[49] De Ann. B. V. M. sermo 2 n. 1, p. 725.
[50] Ibid. p. 733.
[51] Ibid.
[52] Ibid.
[53] Brev. p. 4 c. 3 n. 4, p. 341.
[54] Ibid.
[55] Ibid.

realidades, com amor ardente, o Espírito Santo santifica, fecunda e prepara Maria, a Igreja e a pessoa fiel para a formação do Verbo encarnado. Enquanto Maria dá a luz corporalmente ao Verbo encarnado, a Igreja pelo batismo gera sacramentalmente novos filhos e filhas, perfeitos e imperfeitos, e a pessoa fiel gera a Cristo espiritualmente na mente e no coração.

A terceira Pessoa da Trindade presente e atuante desde a pessoa de Maria concede a graça santificante à Igreja e aos membros do corpo místico de Cristo. Deste modo, sua ação divina faz com que em caridade e unidade destas três sejam "filhas", que obedecem, escutam e acolhem a Palavra; "esposas" que consentem ao matrimônio com Cristo e "mães" que geram. Em todas elas o Espírito Santo ilumina, concedem-lhes a sua graça, os seus dons e virtudes; enriquecendo-as e adornando-as com a graça de Cristo.

Esta ação interior do Espírito Santo nestas três realidades, ligando-as a um só mistério, na fé e na caridade, se faz presente também toda Trindade visto que as pessoas divinas agem inseparavelmente, sempre em profunda comunhão. Pai, Filho e Espírito Santo operam de modo inefável, em unidade indivisível, a obra da encarnação, desde toda eternidade.

A ação do Espírito Santo em Maria, na Igreja e na pessoa de cada fiel tem ainda essa dimensão escatológica. Segundo a teóloga Maria Tereza Maio[56]:

"O mesmo Espírito Santo que tornou possível a concepção virginal de Maria, a sua glorificação no céu e a eterna união de amor com Cristo, opera na Igreja o caminho para a realização do Reino e sua Igreja futura que entrará na glória eterna".

56 "Ecclesia", in: CAROLI, Ernesto (cura), *Dizionario Bonaventuriano*, Padova, Ed. Francescane, 2008, p. 342.

Pela graça do Espírito Santo, Maria foi santificada e, por conseguinte, fecundada, se tornando precioso templo do Espírito Santo. Assim como a Virgem imaculada é templo do Espírito Santo, igualmente a Igreja e os seus membros são templos de Deus. Pensa o doutor franciscano, que Maria cheia da graça do Espírito Santo foi ungida e consagrada como membro principal ao lado de seu Filho, cuja missão é comunicar o dom da graça aos outros. Entre todos os membros, Maria é a "primeira" porque princípio da comunicação da graça, em razão do mistério da encarnação.

4. Maria, princípio e modelo na comunicação da graça

Que relação há entre Maria e a comunicação da graça de Cristo a Igreja?

Segundo o doutor franciscano em Maria ao conceber o Filho de Deus em seu ventre dá início a comunicação da graça divina à humanidade e a toda Igreja. Condescendente com a humanidade pecadora, através de Maria é dada a graça de Cristo. Daí porque Maria, a Virgem gloriosa é chamada "cheia de graça" e, por conseguinte, o "trono da graça". Maria é o princípio da graça em nós porque sendo ela, a "mãe das misericórdias", em sua fé e obediência a Deus ofereceu ao Pai das misericórdias aquele que é o Verbo encarnado, a "luz das misericórdias" [57]. Com efeito, de Cristo, Verbo encarnado e crucificado, concebido no seio da Virgem, nos vem toda graça abundantemente.

Em outra passagem de seus sermões sobre a "Anunciação da Virgem Maria", o doutor franciscano, usando figura bíblica do Antigo Testamento, compara Maria à "coroa do ano" da bondade divina, afirmando que ela concebeu em seu ventre o Verbo, aquele que é cabeça e origem fontal de

[57] DSSt c. 1 n. 5, p. 413.

toda graça[58]. Então sendo "coroa do ano", no mistério da encarnação, ela foi de tal modo abençoada e inundada de muita graça pelo Espírito Santo de modo a redundar em beneficio para toda a Igreja. A Virgem foi adornada de toda sorte de pedras preciosas para receber dignamente a plenitude da benção de Cristo. Em Maria tem início à graça que Deus confere a toda a Igreja.

Afirma são Boaventura que na pessoa de Cristo habita desde a sua concepção a "gratia perfecta et consummata plenitudo"[59]. Essa graça é perfeita, porque sem defeito pode ser comunicada sem diminuição[60]. Cristo segundo a sua natureza humana desde a sua concepção recebeu a plenitude da graça, que abunda de modo indizível e infinito, cuja *"plenitude da divindade habita corporalmente"*[61]. Em Cristo habita toda plenitude da divindade porque é "cabeça", na qual se encontra todos os sentidos[62].

Esta graça é dada por causa de sua comunicação. Neste sentido, Maria participa dessa plenitude da graça de Cristo dada por Deus como obra do Espírito Santo em vista da redenção da humanidade. Maria recebeu desta plenitude assim como os santos e toda a Igreja. Porém, afirma o doutor franciscano, em relação aos demais membros e de toda Igreja, essa superabundância de Cristo em Maria foi máxima, ou seja, maior do que todos os seres humanos redimidos[63].

Segundo são Boaventura, através de Cristo, Verbo encarnado, a graça da cabeça (gratia capitis), Deus concede com largueza e liberalidade a graça aos seus membros sem medida[64]. Por sua vez, há na Igreja a

---

[58] De Ann. B. V. M. sermo 6, n. 1, in: BUENAVENTURA, *Obras de san Buenaventura,* t. IV, 1ª. ed. Madrid: BAC, 1947, p. 821.
[59] III Sent. d. 13 a. 1 q. 3 concl. (III 282 a), in, BONAVENTURA, *Opera Omnia. Commentaria in Quatuor Libros Sententiarium Magistri Petri Lombardi, t. III. Firenze:* Ad Claras Aquas (Quaracchi), 1887, p. 282 a.
[60] Ibid. ad 4, p. 281 b.
[61] Col 2, 9.
[62] III Sent. d. 13 cap. unic. p. 274 a.
[63] De Purif. B. V. M. sermo 5, p. 654 b.
[64] III Sent. d. 24 q. 3 dub. 2, p. 292 b.

plenitude da numerosidade (plenituto numerositatis) que excede a medida de todos os santos[65].

Em Maria houve também a plenitude da excelência (plenitudo excellentiae), enquanto a Igreja é dada a plenitude da abundância (plenitudo abundanciae)[66]. Houve nela também a plenitude prerrogativa (plenitudo praerogativae)[67]. Deste modo, segundo a saudação do Arcanjo Gabriel, Maria foi cheia de graça, isto é, plena de graça santificante tanto no corpo como na alma.

Afirma o doutor franciscano, citando são Jerônimo[68]:

"(Maria) verdadeiramente está cheia, porque a graça é dada aos outros parcialmente, enquanto é dada a Maria em toda a sua plenitude".

Declara também que em razão da geração do Verbo encarnado, o Unigênito de Deus Pai, cheio de graça e verdade, possuindo graça redundante, Maria chama a todos a participar de sua plenitude[69]. Afirma o doutor franciscano que são Bernardo também declara que todos participam de sua plenitude[70]. Com efeito, em virtude da obra da encarnação que plenificou de graça a pessoa de Maria, todos os membros da Igreja participam de sua plenitude mariana. Segundo são Boaventura há uma ordem e continuidade na recepção da graça desde Maria. Essa graça que por primeiro esteve em Maria continua na Igreja e em cada um de seus membros. A Virgem é o membro mais excelente da Igreja pela qual a graça se comunica de modo a afetar todos os outros membros. Por conseguinte, somente a partir de Maria todos participam dessa plenitude da graça de Cristo em virtude de seu sim na fé e na caridade.

---

[65] Ibid. (IV 292 b).
[66] In Jo c. 1 c. 3 n. 2, in, BONAVENTURA, *Opera Omnia. Comm. in Evangelium S. Lucae*, t. VI. Firenze: Ad Claras Aquas (Quaracchi), 1895, p. 538 a.
[67] III Sent. d. 3 p. 1 a. 2 q. 2 ad 1, p. 75 b.
[68] De Ann. B. V. M. sermo 5 n. 1, p. 807.
[69] Ibid.
[70] Ibid.

Segundo o doutor seráfico, há em Maria "caridade" de modo a comunicar o dom que recebeu de Deus aos outros[71]. Desta maneira, afirma que é condição da graça crescer quando se comunica aos outros[72]. Porém, quando não se comunica, a alma morre[73]. Maria é a Virgem que sempre está aberta a receber e a doar a graça. Neste sentido, declara que todos nós devemos imitá-la nesta virtude da caridade para que recebamos graça por graça[74]. Portanto, assim como ela soube tão bem comunicar os seus dons que de Deus recebeu, em virtude do Espírito Santo, também os membros de Cristo são chamados a esta dinâmica da comunicação ou da partilha da graça segundo os seus carismas, ministérios ou estados de vida. Portanto, com Maria e a partir de Maria somos mediadores e comunicadores da plenitude da graça aos outros.

Ele compara a Virgem Maria a terra irrigada por mananciais por causa de sua plena santificação:

"Esta terra não trabalhada pelo homem foi a Virgem Maria que não conheceu varão sobre a qual desceu e subiu uma fonte de águas vivas e o rio da divina graça, que é manancial de água que jorrará para a vida eterna. Este regou toda a superfície da terra porque não somente santificou a alma da Virgem, mas também o seu corpo para que concebesse ao Filho sem mancha alguma de concupiscência. Portanto, foi cheia por inteiro da graça como a terra regada com chuva celestial..." [75].

O doutor franciscano continua a sua reflexão dizendo que o Espírito Santo não somente a santificou, mas a fez também cheia de graça para que pudesse comunicar aos outros[76]. Através de Maria nos é dado Cristo, Verbo encarnado, fruto precioso da árvore da vida. Por meio dele recebemos a

---

[71] De Ann. B. V. M. sermo 1 n. 1, p. 711.
[72] Ibid.
[73] Ibid.
[74] Ibid.
[75] De Ann. B. V. M. sermo 3, n. 2, p. 763.
[76] Ibid.

graça da fé, da esperança e da caridade e, por conseguinte, o dom da Palavra e da Eucaristia como alimentos saborosos ao sustento da alma peregrina.

Segundo o doutor franciscano, Jesus Cristo foi o fruto do ventre virginal de Maria, Filho de Deus Pai, pelo qual nos é comunicado todas as bênçãos[77]. Sendo o Cristo, o fruto bendito foi cumulado de toda sorte de bênçãos de modo que todas as bênçãos dele procedem[78]. Essas bênçãos se comunicam segundo três prerrogativas. No mistério da encarnação, Cristo teve a graça da "pessoa singular", a "graça da união" e a "graça da cabeça"[79]. Foi abençoado com "bênção singular" porque teve a graça da pessoa singular, insentando de toda mancha de pecado a pessoa de Cristo[80]. A graça da união com a qual foi abençoado com bênção geral conatural, enquanto a graça da união que o fez realmente filho natural, não adotivo de Deus[81]. E, por fim, a benção da cabeça com o qual foi abençoado com graça universal. Cristo foi abençoado com bênção universal enquanto a graça da cabeça diz respeito a toda Igreja, segundo a promessa divina feita por Deus a Abrãao[82]:

"Eu exaltarei o teu nome, tu serás abençoado e em ti abençoarei todas as nações da terra"[83].

Tal promessa se cumpriu naquele, cuja bênção redunda a todos, como do alto da cabeça, afirma. Assim como os sentidos espirituais, igualmente todas as bênçãos dos patriarcas estão reunidas na cabeça universal que é Cristo. Portanto, em Maria a promessa e a graça divina da

[77] De Ann. B. V. M. sermo 6, n. 2, p. 829.
[78] Ibid.
[79] Ibid.
[80] Ibid.
[81] Ibid.
[82] Ibid. p. 831.
[83] Cf. Gn 12, 2.

bênção universal já se realizaram ao conceber em seu ventre o Filho de Deus[84].

Através de Maria, segundo são Boaventura, nos é dada a graça divina[85]. Ela não guardou essa graça para si, mas soube difundi-la, comunicando-a a Igreja. Exaltando-a em virtude de sua humildade, são Boaventura afirma que ela é semelhante a uma pequenina fonte de onde brotou a água da graça divina. Com efeito, recebendo desta água regou o horto da Igreja com graça abundante. Diz ainda o doutor franciscano que Maria é semelhante a uma "nuvem pequenina" [86], enquanto Cristo significa a "grande chuva" que começa a cair. Esta é a chuva da graça que cai sobre a Igreja e os seus membros. Maria é também chamada de "mar amargo" porque fecundou toda a Igreja com a chuva da graça[87]. A Virgem em sua humildade foi aquela que soube comunicar a graça em vista do bem de todos. Completa o doutor franciscano, declarando:

"Devemos nos assemelhar a esta nuvem, convertendo-nos em nuvens de graça para comunicar aos demais o que nos foi dado" [88].

Maria concebeu o Filho de Deus na plenitude absoluta do Espírito de modo septiforme, segundo o profeta Isaías[89]. A Virgem é a realização de todas as concepções no Antigo Testamento. Enquanto as sete grandes mulheres da Bíblia, a exemplo de Sara, Ana, Isabel, etc. conceberam parcialmente, Maria concebeu "plenamente". As mulheres que conceberam no Antigo Testamento são "figura espiritual" da plena concepção de Maria. Muitas figuras precederam a Maria, mas somente nela, na plenitude dos tempos, a geração do Verbo aconteceu de forma plena.

---

[84] De Ann. Sermo 6 n. 2, p. 831.
[85] Ibid. p. 711.
[86] Ibid. p. 715.
[87] Ibid.
[88] Ibid.
[89] Cf. Is. 11, v. 1. Ibid. p. 751.

Com efeito, a concepção virginal e fecunda de Maria, plena da graça septiforme, isto é, plena do Espírito, introduziu todo o povo cristão no gozo e na alegria da salvação[90]. Deste modo, em Maria, no mistério da encarnação, tem início o gozo e a alegria do povo cristão que exulta com a vinda do Salvador. Somente com a Virgem, Deus iniciou o povo na participação dos mistérios da alegria evangélica.

O doutor franciscano ao falar teologicamente da dignidade de Maria no mistério da encarnação usa diversidade de metáforas ou imagens bíblicas. O Espírito Santo nos inspira de modo que através dessas imagens podemos conhecer o lugar de Maria no mistério de Cristo e de sua Igreja. Ressalta são Boaventura que a graça não procede de Maria, mas de Cristo e da Trindade. A Virgem tem participação ativa na economia da salvação porque por, com e em Cristo se faz mediadora dessa graça em benefício da humanidade e de toda Igreja. Porém, não se trata de mediadora qualquer, mas daquela que é a mãe de Deus devidamente preparada pelo Espírito Santo. O doutor franciscano compreende o mistério da Virgem não somente como meio ou instrumento, mas como "atitude" que a dispõe na doação da graça. Neste sentido, se apresenta como exemplar ou modelo de vida cristã.

5. Maria, princípio e modelo da santidade da Igreja

O que significou para a Igreja a santificação de Maria?

Em seu sermão "A Purificação da Virgem Maria", a luz da profecia de Malaquias[91], o doutor franciscano reflete a relação da Virgem Maria com a Igreja, ressaltando de modo especial a formação dos ministros ou hierarquia eclesiástica. Em sua interpretação simbólica do texto bíblico, meditando o significado teológico da festa da purificação de Maria

[90] Ibid. p. 735.

[91] Cf. Ml 3,3. Cf. *Purificación de la B. Virgen María*, in: Obras de San Buenaventura, t. IV, 1ª. ed. Madrid: BAC, 1947, sermo 1, p. 625.

apresenta a purificação da Virgem significando a purificação do clero e a oblação do Salvador como início dos sacrifícios do Novo Testamento[92]. Somente na apresentação do Filho, encontramos o verdadeiro e único sacrifício que supera aqueles do Antigo Testamento. Por sua vez, a purificação da gloriosa Virgem se apresenta de duas maneiras: pela graça batismal que purifica do pecado original e pela penitencial que purifica do pecado atual[93].

A Virgem foi purificada de duas maneiras, interior, realmente e exterior, simbolicamente[94]. Concebida segundo a lei geral para todas as criaturas mortais, ela contraiu o pecado original necessitando ser purificada por graça batismal ou equivalente[95]. Por outro lado, não cometeu o pecado atual, não necessitando da graça penitencial.

Deste modo para iniciar à purificação dos ministros da Igreja, a Virgem foi realmente purificada em seu interior pela recepção da graça santificante, em cuja virtude foi purificada com purificação perfeita[96].

Em Maria ensina o doutor seráfico acontece o início da purificação e da santidade da Igreja.

"... para dar início à purificação dos ministros da Igreja, a gloriosa Virgem foi realmente purificada no interior pela recepção da graça santificante, cuja virtude foi purificada com purificação perfeita..."[97].

---

[92] De Purif. B. V. M. p. 627.
[93] De Purif. B. V. M., sermo 1 n. 1, p. 629.
[94] Ibid.
[95] Antes de João Duns Escoto, todos os mestres escolásticos ensinaram comumente que Maria contraiu o pecado original. Embora ressalte muitas vezes a pureza virginal e a presença da graça do Espírito Santo em Maria mesmo antes de seu nascimento, o doutor franciscano adotou a tese comum defendida pelos mestres da Escolástica. Cf. Introducción a los Discursos Mariológicos, in, BUENAVENTURA, *Obras de san Buenaventura*, t. IV, p. 626-627. As dúvidas e dificuldades em relação a Imaculada Conceição de Maria vão se dissipar na defesa do beato João Duns Escoto. Neste sentido, a redenção operada por Cristo na pessoa de Maria não aconteceu pela purificação no momento do seu nascimento ou após, mas pela preservação do pecado original em ordem aos méritos de Cristo. A Imaculada Conceição de Maria foi definida como dogma pelo papa Pio IX na bula Ineffabilis Deus em 1854.
[96] Ibid.
[97] De Purif. B. V. M., sermo. 1, n. 1, p. 629.

A Virgem pela graça santificante foi libertada do pecado original e suas consequências. Por força da graça santificante antes e depois de nascer a Virgem em virtude da concepção do Filho foi santificada em grau sumo de modo que nela não há mancha, sequelas, nem causa de pecado. Essa purificação interior lhe fez totalmente pura e sem mancha, preparada para conceber o Filho de Deus. Em virtude da graça, ela foi purificada da mancha do pecado original e, por conseguinte, totalmente santificada.

À purificação de Maria segue a purificação dos ministros pelo batismo[98]. Pela água puríssima do batismo e pelo Espírito Santo, a Igreja bem como os seus ministros são purificados de toda mancha do pecado original. A Virgem foi purificada para que concebesse o Filho de Deus, por quem a Igreja recebe fecundidade e é purificada em virtude da água batismal. Assim como Maria se apresenta como Virgem pura e santa, esposa e mãe unida a Cristo igualmente a Igreja pela ação do Espírito Santo. Visto que a hierarquia eclesiástica com frequência sofre prejuízo em seus membros, necessita então ser restaurada por nova graça santificante.

Neste sentido, de modo simbólico exterior significa e dá início a esta purificação. Maria não concebeu com participação de varão, mas pela ação do Espírito Santo. Ela jamais pecou depois do seu nascimento de modo que sua purificação foi somente simbólica e exterior.

Na verdade, essa santificação de Maria não se refere a ela mesma, mas à Igreja. Ao dizer que levaram o menino Jesus a Jerusalém, simboliza a Igreja. Houve no tempo três modos de purificação: legal, profética e evangélica. Todas elas estão significadas em Maria[99].

A gloriosa Virgem teve ao mesmo tempo três tipos de purificação: a primeira, purificativa, a segunda purificativa e iluminativa e a terceira, purificativa, iluminativa e perfectiva. Daí porque ela é toda bela e não há

[98] Ibid. p. 631.
[99] Ibid. p. 635.

nela mancha. Maria entesourou em si toda beleza da hierarquia eclesiástica[100]. E no momento atual na glória do céu é a beleza da Jerusalém celeste. Ela é purificadora, iluminadora e aperfeiçoadora. A Virgem encerra em si todas essas qualidades ou prerrogativas. O próprio nome de Maria significa "mar amargo", isto é, ela purifica com os seus sofrimentos, "iluminadora" porque iluminou na concepção do Verbo; e "perfectiva" porque foi perfeita com suma perfeição[101].

Maria é modelo de purificação da Igreja, especialmente da hierarquia eclesiástica[102]. Assim como a gloriosa Virgem foi totalmente purificada em virtude do Espírito Santo do mesmo modo deve acontecer com os ministros da Igreja porque para o exercício do ministério em favor do povo cristão, os clérigos devem ser puros. Maria é modelo de "purificação batismal e penitencial". Essa purificação se dá pela necessidade de remoção do pecado original e pela reforma da hierarquia eclesiástica.

Devemos agir conforme o exemplo da Virgem Maria. Como modelo, ela regula a hierarquia eclesiástica. É por isso que a mesma se chama "estrela do mar" porque purifica, ilumina e aperfeiçoa aos que navegam pelo mar deste mundo. Além de ser exemplar de pureza, ela é modelo de purificação da hierarquia eclesiástica ou dos ministros da Igreja. Portanto, essa pureza e exemplo da Virgem Maria devem resplandecer nos ministros da Igreja.

Esse exemplo de pureza se encontra na Virgem pela infusão do Espírito Santo porque adornada da excelência das virtudes sejam contemplativas ou intelectivas[103]. Daí porque a Virgem santíssima é comparada ao ouro. Nela se contempla tanto a prata que representa as virtudes operativas como o ouro que significa as virtudes contemplativas.

[100] Ibid. p. 639.
[101] Ibid.
[102] Ibid. p. 645.
[103] Ibid. p. 647.

Assim como Maria, irmã de Marta escolheu a melhor parte assim também a gloriosa Virgem. Ela é essa prata bem escolhida e refinada. Nela as colunas são feitas de prata porque pura como a prata e perfeita nas virtudes cardeais e operativas. Deste modo, em Maria há ouro e prata, quer dizer a união das virtudes contemplativa e operativas que se efetuam pela caridade. Nesta unidade, o centro está no amor. A Virgem foi arca de ouro e prata puríssima e trono do Rei supremo. Para que haja bons ministros na Igreja é necessário seguir o exemplo da Virgem; se deixando afinar e se aperfeiçoar pelas virtudes ativas e contemplativas tanto na luta contra as tentações como na prática das virtudes infundidas em nós.

A Virgem Maria ao levar o menino Jesus ao templo ofereceu ao Filho um par de rolas e duas pombinhas[104]. Ao oferecer o seu Filho, ofereceu um sacrifício puríssimo e piedosíssimo. Esta oferta resultou em eficácia purificadora em relação a nós e aplacadora em relação a Deus. Cristo foi esta oferta sublime. Assim como Virgem ao se dirigir ao Templo para oferecer sacrifício puro e piedoso também nós devemos oferecer sacrifícios na pureza e na piedade. É a santíssima Virgem quem nos ensina com o seu exemplo a ofertar com qualidade os sacrifícios, especialmente da parte daqueles que no Altar oferecem o sangue de Cristo.

Maria quis ser purificada não porque estivesse impura ou obrigada pela lei, mas para ser forma de purificação e santificação[105]. Segundo a Lei de Moisés, Maria não estava impura porque concebeu sem a participação do varão, mas em virtude do Espírito Santo. Em Maria, a obra da concepção do Filho de Deus foi pura graça divina. Portanto, Maria quis ser purificada e santificada porque foi conveniente que, santa entre as santas, em grego "panaguia", desse a forma da santificação[106]. E assim se observa que tudo o que houve nela é forma ou modelo de nossa santificação. Pela

[104] Ibid. p. 655.
[105] Ibid. p. 659.
[106] Ibid. p. 661.

plenitude da graça divina foi puro receptáculo de toda santificação; pela graciosidade de sua vida foi espelho preclaro de toda santificação; pela concepção do Filho de Deus, princípio difusivo de toda santificação e pela excelência de sua purificação se tornou modelo imitável de toda santificação. Era conveniente que ela tivesse quatro prerrogativas.

Em primeiro lugar, Maria foi receptáculo de toda santificação pela plenitude da divina graça que recebeu já antes de seu nascimento para que fosse receptáculo da ssma. Trindade; tabernáculo do Filho de Deus. Em razão disso foi santificada. A santificação da Virgem aconteceu já no seio materno desde o primeiro instante que seguiu à infusão da alma e sua união com o corpo[107].

Em segundo lugar, Maria foi preclaro espelho de toda santidade porque possuiu alto grau de santidade e da graça no corpo e na alma. Daí porque se apresentava em sua incrível beleza e formosura da santidade. Em si mesma possui toda beleza da Igreja e da hierarquia eclesiástica[108].

"A gloriosa Virgem possui em si toda a formosura da hierarquia eclesiástica"[109].

Em terceiro lugar, ela foi princípio difusivo de toda santidade visto que santificada com graça especial não somente para si e para dentro de sua pessoa, mas enquanto deveria ser princípio de outro por via de geração para que o gerado nascesse santo e para que todos fossem santificados por meio daquele que dela nasceu[110]. Maria é "princípio difusivo" (principium difusivo) da santidade, afirma S. Boaventura, não somente para si, mas para toda Igreja:

[107] Ibid.
[108] Ibid. p. 661-662.
[109] Ibid. p. 639.
[110] Ibid. p. 663.

"...porque gerou aquele por quem toda Igreja se santifica, segundo se diz na carta aos Efésios. Cristo amou a sua Igreja e se sacrificou por ela para santificá-la"[111].

Maria gerou aquele, por quem toda Igreja se santifica. A Virgem descansa na cidade santa, ou seja, na Igreja. Porém ela se enraíza entre os eleitos porque a santidade foi dada a Igreja por seu Filho e assim pôs nos eleitos às raízes de sua santidade. Por consequência, se santa é a raiz, igualmente será os seus ramos. A Virgem santifica quem nela põe as suas raízes pelo amor e devoção, conseguindo de seu Filho a santidade. E, por último, a Virgem foi modelo imitável de toda santidade em virtude de sua purificação e santificação[112].

Em sua atitude de levar ao Templo uma hóstia viva, santa e agradável a Deus, ou seja, o seu bendito Filho, então os sacerdotes puderam se revestir de justiça, condição para se oferecer hóstia justificante e santificante[113]. Este gesto de apresentação do Filho no templo como oferta viva e pura implica atitude de santificação da parte dos ministros, preparando o seu interior com a graça para serem templos consagrados a Deus, morada espiritual[114]. Sem esta santificação interior não podemos acolher nem oferecer através do ministério e da liturgia o Filho de Deus aos outros. Para que seja santificada a nossa vida é necessário que sejamos templos de Deus. Maria é assim modelo daqueles que na gratuidade conduz o seu Filho Jesus ao Templo para ali encontrar santificação. Ela mesma se apresenta como Virgem mãe e discípula que se consagra interiormente e exteriormente como Templo do Espírito Santo. Ela é modelo de Templo de Deus para todos os membros da Igreja.

---

[111] Ibid.
[112] Ibid.
[113] Ibid.
[114] Cf. p. 665. Nas páginas seguintes deste sermão (p. 665-673) são Boaventura desenvolve de modo especial sua antropologia, ressaltando o valor do ser humano como templo do Espírito Santo, considerando texto paulino de 1 Cor 3, 17 e Ef 2, 22, se referindo particularmente aos ministros da Igreja, exortando-os à vida de santidade. Ibid.

6. Outras metáforas ou imagens aplicadas a Maria

S. Boaventura usa metáforas, especialmente em seus sermões mariológicos, mostrando que a vocação e a missão de Maria se aplicam também à Igreja. Por conseguinte, em sua mariologia e de modo especial em sua eclesiologia mariana, o doutor franciscano usa comumente a teologia simbólica, considerando o símbolo oriundo da sagrada Escritura e da tradição teológica da Igreja como mediadora do conhecimento do mistério.

Neste sentido, continuamente para explicar essa relação de Maria com a Igreja e as almas santas faz uso de muitas metáforas ou símbolos. Essa metodologia se distingue de seu discurso escolástico mais especulativo e abstrato e aquele de compreensão mística, mais afetiva e espiritual. Este modo de interpretação teológica supõe sempre o uso da razão, mas não é meramente racional, mas graça do Espírito Santo, cuja presença nos faz conhecer o mistério da salvação.

Ensina o doutor seráfico que Maria é "templo" [115]. Ela é templo porque Deus habitou em seu seio durante nove meses; assim também a Igreja é templo porque nela se encontra Cristo de forma misteriosa ou sacramental.

Em paralelo, com o templo material (sentido literal) e com o templo da alma fiel (sentido tropológico), Maria é apresentada como "templo", em sentido alegórico. O doutor franciscano considera à luz da Sagrada Escritura o seio virginal de Maria como templo onde habita corporalmente toda Divindade. Ela é templo de Deus, construída pelo poder divino; e adornada pela divina sabedoria, dedicada pela graça de Deus e cheia de sua presença. A sua construção se atribui ao poder do Pai; seu ornamento à sabedoria do Filho; sua dedicação à graça do Espírito Santo; sua plenitude, a presença do Verbo encarnado.

[115] De Purif. B.V.M. p. 691. Cf. também p. 665.

Maria como *"triclínio excelso de toda a santíssima Trindade"*[116] é templo e morada especial do Verbo encarnado. Em vista da preparação deste templo a graça da santificação desceu à Virgem com tanta abundancia que a santificou e a adornou não só interiormente, enquanto a alma, mas também exteriormente, enquanto ao corpo. Deste modo, o incêndio da graça do Espírito Santo e a sombra da virtude do Altíssimo, cujo concurso foi dedicado à Virgem Maria para ser templo idôneo de Cristo. Portanto, a plenitude que teve a Virgem Maria redundou a toda Igreja. Com efeito, Maria concebendo aquele que é a nossa misericórdia se tornou pela plenitude da graça divina a "porta" pela qual acolhemos o Senhor de misericórdia, nosso Salvador.

A Trindade santíssima se faz presente na vida de Maria, desde o início de sua vida até a sua assunção e coroação no céu. Segundo o doutor franciscano, a Virgem é chamada de sede de Deus e do Cordeiro porque Deus Pai nela se assenta e o Cordeiro nela descansou se tornando "triclínio de toda Trindade" [117].

O doutor franciscano chama também Maria de porta do céu. Com efeito, ninguém pode entrar no céu a não ser por meio dela. Porque assim como o Senhor veio por meio de Maria, assim também os redimidos por meio dela retornam a Deus. São Boaventura usa metáforas que descrevem tanto a missão de Maria como a missão da Igreja. Deste modo, Maria é chamada de "templo, casa, porta, escala" conforme explica em sua exegese simbólica do evangelho de Lucas[118].

Maria, afirma o doutor franciscano, é chamada de "mar amargo", "iluminadora" e "senhora". Ela recebe também o título de "estrela do mar". Ela é assim chamada porque purifica, ilumina e aperfeiçoa os que navegam

[116] De Purif. B.V. M. Sermo 3, p. 695.
[117] De Assumt. B.V. M. p. 891.
[118] In Luc 1, n. 70, in, BONAVENTURAE, *Opera Omnia,* t. VII. Firenze: Ad. Claras Acquas (Quaracchi), 1895, p. 25.

pelo mar deste mundo. Neste sentido, a Virgem por ser modelo que regula a hierarquia eclesiástica é também recebe o nome de estrela do mar.

São Boaventura compara também Maria, a Igreja e a alma a semelhança de um tabernáculo, isto é, no sentido de morada ou habitação[119]. Maria é chamada de "tabernáculo" em sentido literal. Porque nela descansou o Senhor corporalmente. Por sua vez em sentido alegórico, a Igreja militante é o tabernáculo onde descansa o Senhor sacramentalmente. Em sentido moral, a alma fiel, onde o Senhor descansa espiritualmente. Por fim, em sentido anagógico ou espiritual, o Senhor habita eternamente na cúria celestial.

Em sentido literal, se aplica a Virgem a metáfora "tabernáculo", porque o Senhor da Majestade se estabeleceu na morada de seu corpo ao se fazer homem em suas entranhas[120]. Ao fazer morada no corpo de Maria, Ele a santificou. Sobre ela desceu a graça do Senhor que a libertou do pecado, santificando-a desde o seu nascimento, segundo são Bernardo. O Senhor constituindo a Virgem como verdadeiro tabernáculo, a encheu de graça, protegendo-a com a sua sombra e a plenificou de glória em seu corpo e em sua alma[121].

Em Maria tem início a função ministerial redentora do Verbo. Trata-se do seu ministério real e sacerdotal porque Cristo gerado no seio da Virgem é rei e pontífice. Ele tem o ofício real e sacerdotal de reger e santificar o seu povo. Neste sentido, são Boaventura apresenta o aspecto mariano do mistério da Igreja. Afirma o doutor franciscano que no seio da Virgem Maria, Deus se fez nosso Pai e o Filho de Deus nosso irmão[122]. O Criador de todas as coisas estabeleceu ou fixou o seu tabernáculo, pondo aí

[119] De Ann. B. V. M. sermo 4, p. 773.
[120] Ibid. p. 773-775.
[121] Ibid. p. 775.
[122] De Ann. B. V. M. sermo 4, p. 777.

o seu leito nupcial, se fazendo irmão nosso, se constituindo também como nosso príncipe regente e nosso pontífice ou sacerdote santificador[123].

Portanto, em Maria tem início na Igreja a função real e santificadora de Cristo. Além disso, Deus estabeleceu ou fundou relação de amor familiar e íntima conosco, através do tabernáculo de Maria. Neste sentido, Deus se fez nosso Pai, e Cristo, nosso irmão. E Maria é consagrada mãe de todos os santos[124]. Portanto, em Maria se fundamenta o principio fraterno da Igreja, onde nos reconhecemos como família de Deus. Irmãos e irmãs entre nós, filhos do Pai, irmãos em Cristo, e filhos da Virgem Maria.

Essa função de Cristo que teve início no seio de Maria, morada ou tabernáculo puro e santo de Deus continua no tabernáculo da Igreja militante, através do ministério dos sacerdotes ou ministros do altar. Neste tabernáculo da Igreja se estabeleceu para sempre a celebração do santo sacrifício do Senhor. Nela escutamos a Palavra e somos instruídos na doutrina. Assim como Cristo habita no tabernáculo de Maria, também sacramentalmente no seio da Igreja militante[125].

Por isso, aplicando em sentido literal essa imagem a Igreja militante, peregrina na terra, o doutor franciscano exorta aos ministros ordenados a atitude de santidade[126].

O Senhor estabeleceu o seu tabernáculo eclesial para santificar o povo. Por consequência, os ministros do altar devem ser puros. Segundo são Boaventura, a santificação dos ministros ou prelados é condição para a santificação do povo da Igreja.

Deus estabelece o seu tabernáculo para ensinar ao povo. Deste modo, os prelados devem ensinar ao povo a doutrina sagrada. Para isso é necessário que estejam instruídos na sabedoria.

---

123 Ibid. p. 775.
124 Ibid. p. 777.
125 Ibid. p. 783.
126 Ibid. p. 781-789.

E, finalmente, o Senhor se estabelece para alimentar o seu povo. É conveniente então que os ministros estejam inundados de alegria espiritual. Estas três coisas correspondem respectivamente aos atos da hierarquia angélica e eclesiástica que são purificar, iluminar e aperfeiçoar.

O santo doutor continua a sua reflexão aprofundando o significado mariológico da santidade da alma fiel, em sentido moral[127]. Com efeito, assim como aconteceu com a Virgem santíssima, igualmente deve se realizar espiritualmente na pessoa do fiel através dos sacramentos do batismo e da penitencia a vida espiritual de santidade baseada no cultivo das virtudes, especialmente a caridade, a humildade, a austeridade, a pobreza, etc. É no corpo dos fiéis batizados que Deus estabelece o seu tabernáculo e aí mora espiritualmente.

E, por fim, em sentido anagógico ou espiritual, associa a metáfora de tabernáculo a cúria celestial onde o Senhor mora eternamente[128]. Tal tabernáculo é meta da Igreja militante na terra e de todos os fiéis em particular, porque aí se encontra a ausência de todo mal e, por conseguinte, de todos os sofrimentos e limitações. Aí se dá a definitiva união com Deus, a realização da paz perfeita e da glória. O doutor seráfico fala do lugar do descanso das almas. Cita o livro do Apocalipse[129], contemplando a visão da comunhão de Deus com o seu povo onde não mais haverá choro, mas Deus mesmo habitará no meio dele. Neste tabernáculo celeste haverá não somente suficiência, mas também superabundância de todo bem. Aí haverá descanso, descanso de segurança e segura abundância, afirma[130].

---

[127] Ibid. sermo 4 n. 3, p. 789-797.

[128] De Ann. B. V. M. sermo 4 n. 4, p. 797- 799.

[129] Ap. 21, 3 ss. *"Eis aqui o tabernáculo de Deus com os homens e morará com eles e Deus mesmo habitando no meio deles será o seu Deus e Deus enxugará de seus olhos todas as lagrimas. Não mais haverá morte, nem pranto, nem luto; não haverá mais dor porque as coisas anteriores passaram".*

[130] De Ann. B. V. M. sermo 4 n. 4, p. 799.

Portanto, a partir de Maria, comparando o seu mistério a figura de "tabernáculo", "casa" ou "morada de Deus", a Igreja tem um rosto mariano e se apresenta em três aspectos: sacramental, espiritual e escatológico.

Além do mais, o doutor seráfico discursa em seu sermão mariológico "A Anunciação da Virgem Maria", dizendo que o ano da bondade é o ano da graça de Deus. Na Virgem Maria se encerrou dentro de si ao Verbo encarnado, cabeça e origem fontal de toda graça. É por isso que ela se chama coroa do ano da bondade divina. Esta coroa foi colocada em torno da cabeça de Cristo e adornada de toda sorte de pedras preciosas para receber dignamente a plenitude da benção de Cristo[131]. Por conseguinte a benção dessa coroa redunda em benefício para toda Igreja. Mediante a Virgem, portanto, toda Igreja recebe este benefício, ressentindo positivamente os efeitos da graça do Senhor.

Em seu sermão sobre "A Natividade da Santíssima Virgem Maria", são Boaventura afirma que a Virgem gloriosa, Santa Maria, felicíssima Mãe de Deus e Senhora Nossa é figurada em sentido místico pela imagem bíblica da "Arca do Testamento divino" [132]. Através dessa imagem o doutor franciscano exalta a dignidade e a santidade da Virgem, relacionando-a a outras figuras, em sentido alegórico "Cristo e a Igreja"; em sentido tropológico ou figurado "o prelado e a alma fiel" e, por fim, em sentido anagógico ou espiritual "o mistério do céu e da Jerusalém celeste". Deste modo, a partir dessa imagem, são Boaventura estabelece mais uma vez relação e continuidade entre Maria, a Igreja e os membros fiéis.

A interpretação dessas metáforas nos remete aos vários sentidos eclesiológicos aplicados a figura da Virgem Maria, evocando o seu lugar na vida da Trindade, na obra da redenção e na missão da Igreja.

---

[131] Ibid. sermo VI n. 1, p. 821.
[132] De Nat. B. V. M. sermo 4, p. 935. Cf. Ap. 11, 19.

7. O lugar de Maria na Igreja

Segundo o doutor franciscano, qual o lugar de Maria na Igreja, corpo místico?

São Boaventura não deixa de exaltar a Virgem Maria, colocando-a sempre num lugar de dignidade na Igreja e diante de todas as criaturas seja no céu ou na terra. Ele compara a Igreja à imagem da "casa", segundo a primeira carta a Timóteo[133]. A Igreja é a casa de Deus. É também chamada "a Igreja do Deus vivo". Em relação a essa casa Maria tem lugar de origem e fundamento[134]. Ela é comparada ao monte sobre o qual de forma tríplice se levanta a casa da Igreja. Pela graça, Maria está no princípio, na altura que eleva ou sublima e na estabilidade que confirma o mistério da Igreja.

Com efeito, a Igreja procede da Virgem pela certeza da fé. Por meio da fé, a Igreja imita Maria na concepção, gerando para Deus uma descendência espiritual. Assim como Maria sem a participação de varão concebeu, também a Igreja concebe pela fé, sem concurso da razão humana[135]. Em Maria se dá a primeira e mais perfeita forma da vida na esperança que deve se realizar na Igreja. Deste modo, a glorificação de Maria é a glorificação da Igreja. E pelo vínculo indissolúvel da caridade estão unidos Cristo e Maria assim como Cristo e a Igreja. Mediante as virtudes teologais Maria e a Igreja estão unidas na vocação, na missão e na meta a ser alcançada. Portanto, a estabilidade da Igreja tem a sua origem na Virgem pela firmeza da caridade. E por último tem a sua altura mediante a virtude da esperança.

Foi a Virgem que por pura graça concebeu a Cristo, a pedra angular[136]. Trata-se da pedra fundamental do edifício da Comunidade eclesial. Por conseguinte, a Igreja foi fundada sobre esta pedra, cuja origem

---

[133] 1 Tim 3, 14.
[134] De Assumt. B. V. M. sermo 3, p. 845.
[135] Ibid.
[136] Ibid.

se encontra na Santíssima Virgem[137]. Neste sentido, a Igreja dela procede pela graça que fecunda, afirma o doutor seráfico[138]. No passado, antes da encarnação do Verbo, a Igreja podia se envergonhar com a sua condição de desprezo, mas agora no momento presente, ela se gloria de estar construída em cima de um monte elevado, a Virgem Maria, exaltada acima de todos os coros angélicos[139]. A Virgem Maria se encontra também acima de todos os outros montes ou fundamentos da Igreja[140]. Logo, a Virgem é o monte da casa do Senhor edificada acima do monte dos patriarcas, dos apóstolos e dos profetas mediante as três virtudes teologais: fé, caridade e esperança[141].

A Virgem Maria está no fundamento dos fundamentos da Igreja que repousa sobre a atividade dos patriarcas, representada pela fé; dos profetas, que repousa sobre a esperança e dos apóstolos que se firma pela caridade. Porque na pessoa de Maria, em sua eleição, vocação e missão, já se cumpriu todas as promessas e revelações que foram feitas a eles[142]; e assim toda graça que foi derramada sobre os mesmos na e pela Virgem encontra o seu princípio[143]. Portanto, a bem-aventurada Virgem declara o doutor seráfico tem especial ordem de perfeição e, por conseguinte, de primazia na cidade do céu, estando muito acima da hierarquia dos anjos que tem a função de aperfeiçoar[144]. Nela em virtude da obra da encarnação encontram a sua perfeição.

Continua explicando o doutor franciscano que Maria foi elevada sobre as colinas das hierarquias purificativas, iluminativas e aperfeiçoativas. Na Virgem se encontra a mais sublime ordem. Ela está acima das hierarquias celestes ou terrestres de modo que ambas devem ser

---

[137] Ibid.
[138] Ibid.
[139] Ibid. p. 851.
[140] Ibid.
[141] Ibid. p. 847.
[142] Ibid. p. 847-851.
[143] Ibid. p. 851.
[144] Ibid. p. 855.

conformes e corresponder à perfeição da Virgem Mãe[145]. Estando elevada acima de todos em virtude de sua graça já consumada na Assunção, plena de graça, ambas as hierarquias são purificadas, iluminadas e aperfeiçoadas pela Virgem[146].

Em Maria se encontra a origem e a realização de todos os atos hierárquicos que nos purificam, iluminam e aperfeiçoam e que procedem das hierarquias ou ordens angélicas. Ela está bem acima de qualquer hierarquia celeste ou subceleste[147]. Acima da hierarquia angélica que com as suas luzes e graças purificam, iluminam e aperfeiçoam ou consumam e também acima da hierarquia humana que é purificada, iluminada e aperfeiçoada[148]. Com efeito, esta função hierarquizante que é própria dos ministros angélicos e que se contemplam na pessoa de Maria, se encontram também nos ministros ou prelados da Igreja. Porém, a Virgem gloriosa é o princípio e modelo desses atos hierárquicos. Ela tem lugar de precedência entre as hierarquias de sorte que dela flui alegria e graça sobre ambas[149]. Ela não somente comunica graça, mas também ensina tanto no céu como na terra[150].

Além do mais, Maria plena em formosura se encontra acima de todas as criaturas[151]. Ela é semelhante ao sol deste mundo, cuja luz é mais brilhante do que todas as outras luzes. Desta forma, se sobressai a Virgem por sua beleza entre todas as criaturas. Ela é mais semelhante ao Sol eterno, imagem da Trindade, origem e fonte de toda beleza, do que as outras criaturas racionais. Pela graça, Maria foi conformada a semelhança de Deus mais do que os outros seres. Também a Virgem, Mãe de Deus está muito

---

[145] SS. Angelis, sermo 1, in, BONAVENTUARAE, *Opera Omnia. Sermones de tempore, de sanctis, de B. Virgine Maria et de diversis, t. IX.* Firenze: Ad. Claras Acquas (Quaracchi), 1901, p. 612 b.

[146] De Assumt. B. V. M. sermo 1 n. 3, p. 857.

[147] Ibid. p. 851.

[148] Ibid. p. 851-853.

[149] Dom. Pent. 17. Sermo 3 (IX 422 a).

[150] Ibid.

[151] Ibid. sermo 2 n. 1, p. 861-863.

acima do universo e de todas as criaturas[152]. Com efeito, a gloriosa Virgem ilumina a Igreja e a máquina do universo, afirma[153]. Todos os corpos do mundo recebem a sua luz. Daí porque brilhando em dignidade e santidade ela está em lugar mais elevado[154].

Com efeito, Maria é o reflexo mais perfeito do mistério trinitário porque mais próxima; mais íntima e mais aberta à luz do seu mistério. A Virgem é semelhante ao "fogo ardente" porque abrasada pelo Filho que lhe fez semelhante a si mesmo[155]. E assim, o próprio Deus Filho fez "deiforme" a sua mãe[156]. É por isso, que ela está no cume do monte, acima de todos os montes instituídos na Igreja. Maria não somente participa da natureza divina, mas também se configura mais próxima possível da atitude evangélica de Cristo.

Também são Boaventura interpreta o lugar de Maria no corpo místico, seja em relação à Igreja no céu ou na terra, citando o livro do Apocalipse[157]:

"Apareceu um grande prodígio no céu: uma mulher vestida do sol e a lua debaixo de seus pés e em sua cabeça uma coroa de doze estrelas".

Esta mulher é representada por Maria em sua beleza e esplendor sempre iluminados pelo sol de justiça, que desprezou a glória mundana e é coroada pelas estrelas que simbolizam a honra e dignidade, a gloria, a excelência e a nobreza de condição que são dados às doze ordens dos santos significados nas doze estrelas resplandecentes, sendo nove que correspondem aos espíritos celestiais e três ao tríplice estado dos homens, ou seja, dos ativos, dos contemplativos e dos prelados. Toda a dignidade e glória concedidas a eles em parte, já se encontram totalmente outorgadas à

---

[152] De Nat. B. V. M. sermo 2 n. 3, p. 919-921.
[153] Ibid. p. 921.
[154] Ibid.
[155] Ibid. sermo 1 p. 849.
[156] Ibid.
[157] Ap. 12, 1. Ibid. n. 2, p. 865.

santíssima Virgem[158]. Em sua visão sacramental e simbólica, o doutor franciscano, contempla Maria como sinal ou símbolo humano mais eficaz da mediação da graça.

Além disso, em sua posição tão elevada na Igreja, fruto de sua fé, esperança e caridade, na aceitação vontade de Deus e na realização da encarnação em sua existência, Maria é chamada de monte da casa do Senhor, porque elevada muito acima dela, resplandece a glória do Senhor que tudo clareia e ilumina[159]. Neste sentido, os clérigos deveriam seguir o exemplo de Maria, resplandecendo aos outros a luz e não as trevas; a verdade, não o engano[160].

Segundo o doutor franciscano, a Virgem viveu em extrema pobreza de tal forma que em sua pobreza material é exemplar de toda perfeição evangélica[161]. Esta vida de pobreza assumida por Maria foi consequentemente assumida pelo Verbo, no mistério de sua encarnação, e continua na vida dos Apóstolos e da Igreja. Com Maria tem início o Novo Testamento e o regime da vida evangélica[162]. Nela o movimento de saída (egressus) e retorno (regressus) ao Pai, o primum e ultimum de toda caridade, da graça e da vida já aconteceu. Essa dinâmica que realizou o Filho de Deus somente foi possível com consentimento e participação da Virgem. Com efeito, tal movimento deve continuar na vida da Igreja. Deste modo, a Igreja a exemplo de Maria deve ascender a Deus, segundo a sabedoria da contemplação da cruz e descender ao próximo em atitude de serviço, caridade e misericórdia.

---

[158] De Assumt. B. V. M. sermo 2 n. 2, p. 865-867.
[159] Ibid. sermo 1, p. 849.
[160] *"Os clérigos deveriam ser montes deste gênero, isto é, resplandecentes, não como a montes ruins...". "...montes de trevas escuras que propagam dogmas falsos, opostos à verdade da sagrada Escritura; falsos conselhos, contrários aos exemplos dos santos...".* Ibid.
[161] Apol. paup. c. 11 n. 17, p. 655-657.
[162] WAYNE HELLMANN, J. A., *Divine and created Order in Bonaventure's Theology,* tr. ing. Nova Iorque: The Franciscan Institute Saint Bonaventure, 2001, p. 163.

Tanto em seu sermão mariológico sobre a Anunciação quanto em seu sermão sobre a Assunção, o doutor franciscano usa a metáfora "fonte" ao se dirigir a Maria[163]. Esta mulher que é simbolizada pela figura da rainha Ester no Antigo Testamento, significando a sua preparação no tempo e exaltação pelo povo, se refere na Igreja a este lugar da "fonte" ou "origem" segundo a ordem da graça. Somente Deus, ou seja, o Pai e o Filho são a origem de todos os bens[164]. E o nome fonte afirma são Boaventura corresponde a Deus Pai[165]. Ele é o principio fontal dos talentos, das graças e outros dons que possuímos[166].

Maria tem um lugar de primazia e dignidade na Igreja não somente porque nela brilhou e se consumou a graça do Verbo encarnado ou porque concebeu a Cristo e cooperou em sua obra redentora, mas porque em estreita relação com a virtude da caridade e pela iluminação do Espírito Santo unida ao mistério fontal da Trindade, Maria é também "origem", "princípio" ou fonte da comunicação da graça santificadora e edificadora da Igreja e de cada membro fiel[167].

"Sabei que a bem-aventurada Virgem é chamada fonte pela maneira como se originam os bens. Estes se originam principalmente de Deus, em seguida por Cristo, redundando depois na bem-aventurada Virgem, cuja razão é chamada fonte e, por conseguinte, se refere a qualquer pessoa que comunica algum bem".

E por meio de Jesus Cristo comunica esta mesma fonte suas correntes e influxos. Daí porque, Cristo é chamado de fonte que brota no céu e na terra. No céu como Verbo incriado, na terra como Verbo encarnado[168]. É próprio da função da fonte natural descender e ascender às

---

[163] De Assumt. B. V.M. sermo 4, p. 881.
[164] Ibid. n. 1, p. 881.
[165] Ibid.
[166] Ibid. p. 883.
[167] De Assumt. B. V. M. sermo 4 n. 1, p. 881.
[168] Ibid.

águas. Concebendo o Filho de Deus, Maria se tornou semelhante a essa fonte das águas não naturais, mas da graça, para a qual procuram chegar todos os cristãos.

Maria em sua humildade é chamada "fonte pequena" (fons parvus), e igualmente é comparada a uma fonte viva, a uma fonte selada e a uma fonte abundante[169]. Explica o doutor franciscano que Maria é fonte pequena pela prerrogativa da humildade; fonte viva em razão de sua contínua santificação; fonte selada por causa de sua castidade incorrupta; fonte abundante pela liberalidade de sua misericórdia[170].

Unida à Trindade, em virtude da ação do Espírito Santo, Maria é assim modelo de mãe misericordiosa que na abundancia da plenitude da graça recebida está sempre se doando. Portanto, ela é modelo de mulher fiel vivente e sempre viva porque está sempre se doando a si aos outros.

Segundo o doutor franciscano, o amor pela qual se doou é atitude de quem está sempre vivo, ou seja, é alguém sempre vivente pela fé e caridade. Fazer o bem, fluindo a graça é sinal da bondade e que reflete a ação de Deus, cujo mistério significa fluir sempre de si às criaturas. Neste sentido, é chamada mãe de misericórdia seja ainda na terra ou no céu. Porque em virtude de seu testemunho e de sua fé revelou a humanidade a benignidade de Deus que estava escondida. Por meio dela, Deus em Cristo está sempre a nos conceder a sua graça.

Essa atitude de doação de Maria já se expressou em sua vida peregrina como gesto de amor maternal que cuida, acompanha, educa se oferecendo a si mesma junto ao seu Filho, e que continua no céu em razão de sua Assunção. Essa participação na graça do amor divino se dá segundo os seus dons, carismas e talentos. Por conseguinte, como rainha celeste, a sua solicitude maternal para com o seu povo se inspira naquela da rainha

---

169 Ibid.
170 Ibid.

Ester, no Antigo Testamento. Ela se torna intercessora e reconciliadora da Igreja militante que segundo são Boaventura simboliza a câmara nupcial do rei Assuero[171].

Maria é chamada fonte, princípio ou origem porque unida ao ardente amor da Trindade se tornou este sinal casto e puro da irradiação do bem e da graça ao povo da Igreja. Ela não guarda para si a riqueza dos bens espirituais que recebeu de Deus, mas sempre comunica aos outros. Igualmente, a imagem e a exemplo de Maria, os membros fiéis da Igreja são chamados a comunicar a alguém algum bem que recebeu de Deus. Daí porque segundo o doutor franciscano como membros da Comunidade eclesial também somos chamados a exemplo da Virgem a viver intensamente essa espiritualidade franciscana da "fonte", não guardando para si os dons que recebemos de Deus, mas colocando-os a serviço dos outros. Devemos nos espelhar no exemplo da caridade da Virgem, sendo princípio ou fonte perene do manancial da riqueza de Deus para os demais irmãos e irmãs. Por consequência, quanto mais nos doamos, mais somos vivificados e consumados na graça.

Continuando a sua reflexão, o doutor seráfico contempla o crescimento da Virgem pela graça divina que a fez deiforme, isto é, semelhante a Deus. Esta fonte cresceu e se tornou um grande rio, declara[172]. A Virgem se tornou rio em razão da concepção do seu filho, descendência de suavidade eterna[173]. Trata-se do Filho de Deus[174]. Neste rio se encontram todos os tesouros da sabedoria e das ciências[175]. Desta fonte brotou a superabundância de bens. Tornou-se rio esplendido por sua descendência de esplendor eterno, que ilumina nossa potência intelectiva e

---

[171] De Assumt. sermo 3 n. 4, p. 877. A Igreja militante bem como as almas unidas a Cristo em casto amor esponsal deve ser transladada ao "triclínio das mulheres ou à câmara de Assuero". Ibid. n. 2, p. 875.

[172] De Assumt. B. V. M. sermo 4 n. 2, p. 889.

[173] Ibid. p. 889-891.

[174] Ibid.

[175] Ibid.

afetiva[176]. Ela concebeu um filho, Jesus Cristo que redundou em alegria para a cidade de Deus[177].

Com efeito, a Virgem alegrou a cidade de Deus, ou seja, a Igreja e os patriarcas; aos apóstolos e inumeráveis fiéis[178]. A atitude de fé de Maria iluminada pela graça ao conceber o Filho de Deus em suas entranhas se tornou motivo de alegria para toda Igreja. Portanto, Maria se encontra na raiz da alegria messiânica de toda Igreja, desde os patriarcas até aos nossos dias.

Segundo o doutor franciscano, Maria tem lugar de excelência na Igreja em virtude da obra da encarnação. Por causa de sua participação neste mistério, Maria é exaltada acima de todos os membros da Igreja seja no céu ou na terra.

Maria é modelo da Igreja porque é a origem do corpo místico de Cristo que continua de modo visível a obra mariana. A Igreja já se realizou de forma eminente em Maria. Ela é a mais excelente forma da graça e da santificação da Igreja. Tudo o que foi prometido e revelado aos patriarcas, aos profetas e aos apóstolos já se cumpriu integralmente em Maria.

Em virtude da obra da encarnação exalta o doutor seráfico a pessoa de Maria, colocando-a num lugar especial na obra da salvação e especialmente no mistério da Igreja. Com efeito, o doutor franciscano pensa a figura de Maria, sua pessoa e missão, como um elemento fundamental que nos ajuda a compreender melhor a íntima natureza da Igreja. Segundo o santo doutor franciscano, o mistério da Igreja reflete o mistério de Maria. Afirma o teólogo franciscano A. Pompei:

"Boaventura não considera a doutrina da bem-aventurada Virgem como simples coroação de uma eclesiologia que vê em Maria a obra sublime da arte de Cristo, fonte e cabeça da Igreja. Para ele, uma Igreja

[176] Ibid. p. 891.
[177] Ibid.
[178] Ibid.

que reflete sobre o mistério de Maria compreende melhor a íntima natureza de seu próprio mistério"[179].

Segundo são Boaventura, Maria e a Igreja constituem um único mistério de modo que uma aponta para a outra, uma é tipo da outra. Por conseguinte, Maria é figura e, ao mesmo tempo, a realização plena da Igreja. Ressalta ainda o doutor seráfico que a glorificação de Maria é a glorificação da Igreja. Além do mais, Maria é modelo da Igreja a ser imitado porque com o seu testemunho de mulher cristã está sempre nos educando. Com efeito, a Virgem é a exemplar na fé, na caridade e na esperança. O mistério que aconteceu em Maria e que nela houve o seu início ou origem deve acontecer também no tempo da Igreja.

Segundo Afonso Pompei, são Boaventura considera Maria como "resumo", "vértice" e "compendio" de tudo aquilo que o Espírito Santo realiza para a nossa salvação na Igreja e mediante a Igreja[180].

Conclusão

Maria tem um lugar de suma relevância na eclesiologia de são Boaventura. Em virtude do mistério da encarnação em sua pessoa, a Igreja encontra o seu espelho de vida, a sua origem e fundamento evangélico. Igualmente, a Virgem é o seu modelo de purificação, iluminação e aperfeiçoamento de si e de seus membros em particular. Assim como em Maria tem início a aplicação mística desses atos hierárquicos que recebeu de Deus assim também a Igreja em sua missão.

Este lugar de Maria acima de todos os membros da Igreja, mesmo aqueles mais nobres como os apóstolos não significa mera posição espacial ou status social, mas dignidade "espiritual" em virtude de sua abertura à

---

[179] POMPEI, Alfonso, *Eclesiología Franciscana*, p. 235.
[180] Ibid. p. 228.

graça da santíssima Trindade. Portanto, a graça lhe aproxima mais de Deus e lhe faz mulher mais semelhante a Deus, ou seja, "deiforme". Tal é a meta da Igreja e de cada pessoa fiel, discípula de Cristo ao se fazer pela graça semelhante a Cristo e a Trindade: alcançar a coroa da glória, o premio eterno, ou seja, a perfeição da bem-aventurança.

Entre todos os membros da Igreja, tanto anjos como santos, Maria é a primeira porque escolhida para ser a mais iluminada, excedendo a todas as criaturas. Assim como na Igreja e nos santos, também há nela plenitude da graça que lhe faz início, princípio e comunicadora da graça. Em Maria toda a Igreja sente e ressente os benefícios que dela redundam a semelhança de manancial ou fonte da água que está sempre jorrando.

A graça lhe faz modelo de santidade e de vida espiritual. Assim também tal princípio fecundo mariano gerador da vida continua no tempo na obra da Igreja. Maria possui a caridade do Espírito Santo de modo que ela é "fonte viva" que não somente recebe, mas também doa.

Segundo o doutor franciscano, Maria está na origem, na base e no crescimento espiritual da Igreja. Tudo o que aconteceu na vida de Maria, desde o seu nascimento até a sua assunção e coroação no céu, por obra do Espírito Santo, e em virtude da fé, da caridade e da esperança, deve acontecer também na Igreja.

O doutor seráfico não deixa de sublinhar em seus escritos teológicos e espirituais a presença de Maria como "modelo exemplar" da Igreja. Continuamente ele nos convida a seguir e a imitar a Virgem em suas prerrogativas e virtudes contemplativas e ativas. As metáforas bíblicas ao ser aplicadas por inspiração do Espírito Santo a Maria elucidam o seu mistério.

Maria é também modelo de mãe, de mestra, de discípula e de mulher santa. Com efeito, segundo o doutor franciscano não podemos compreender o mistério da Igreja sem olhar para a figura de Maria. Os desígnios de Deus em Maria acontecem segundo a sua vontade ao longo da história da salvação.

Maria tem missão ativa e contemplativa na Igreja visto que tanto ontem como hoje continua sendo mãe, esposa e discípula do Verbo encarnado. Quer dizer, essa espiritualidade mariana e, por conseguinte, esse seu jeito de ser Igreja continua na atualidade na missão do povo cristão. Assim, Maria é princípio de continuidade da obra de Deus na história da Igreja militante ou peregrina.

O lugar da Virgem é fundamental na eclesiologia boaventuriana porque em sua pessoa tem início a obra da Trindade. Nela se inaugura a era da graça, da perfeição evangélica e da militância na vida eclesial.

Maria é sempre vista em sua relação com Cristo, no mistério da encarnação. A mariologia do doutor seráfico é sempre cristológica e trinitária. O mistério de Maria fundada em Cristo está associado à ação das três pessoas divinas de modo a resplandecer nela a mais excelente ou mais perfeita obra. Em Cristo, Maria entre todas as criaturas, é a obra mais perfeita. Por isso, a partir do seu mistério se ilumina a vida da Igreja e de todas as criaturas.

Fecunda na maternidade virginal, Maria aponta para a realização da fecundidade da Igreja e dos fiéis em particular. Maria, a Igreja e alma fiel segundo o doutor seráfico são mães e esposas de Cristo. A maternidade de Maria é o começo, o modelo e a realização suprema da maternidade espiritual da Igreja. Assim como Maria pela fé e pelo Espírito Santo concebeu o Verbo, hoje na Igreja, o Verbo continua a ser gerado pelo batismo no coração e na vida de novos cristãos.

Escolhida entre todas as mulheres segundo os desígnios do amor de Deus, Maria é mulher santa, forte, misericordiosa, pura, virgem, fecunda, esposa de Cristo, trono da graça, mãe, rainha, plena de beleza, etc. Sob a luz da Trindade, plena de graça, ela tem um lugar especial entre todas as criaturas, está acima de todo e qualquer fundamento seja na Igreja militante ou na Igreja celeste. Pela ação do Espírito Santo e através da aplicação e da explicação das metáforas bíblicas conhecemos o mistério da pessoa de Maria que revela e elucida a razão de ser do mistério da Igreja. Por conseguinte, essa obra da Trindade realizada em Maria continua na vida da Igreja.

Portanto, Maria segundo o doutor franciscano, associada ao mistério da encarnação é a fonte ou origem da Igreja. Origem de sua vocação, eleição, missão e razão de ser no mundo. Na obra de Maria reflete aquele jeito de Igreja querido por Deus: uma Comunidade santa, participativa e comunicativa; da caridade e da prática da misericórdia; pobre e humilde que se doa e está a serviço e esposa sempre em comunhão com Cristo e a Trindade, que ouve e concebe continuamente a Palavra e transmite aos outros.

Maria inspira a constituição da Comunidade dos fiéis que celebram e produzem os frutos dos sacramentos, edificando o edifício eclesial. Como Templo consagrado ao Senhor inspira aquela Igreja que é Templo do Espírito Santo, espaço sagrado de consagração e de dedicação a Deus e aos irmãos.

Bibliografia

I. Obras:

A. QUARACCHI

BONAVENTURAE. *Opera Omnia. Commentaria in Quatuor Libros Sententiarium Magistri Petri Lombardi,* t. III, Firenze: Ad Claras Aquas (Quaracchi), Ex Typografhia Colleggi S. Bonaventurae, 1887.

______________, *Opera Omnia. Commentarius in Evangelium S. Lucae,* t. VII, Ad Claras Aquas (Quaracchi), Ex Typografhia Colleggi S. Bonaventurae, 1895.

______________, *Opera Omnia. Sermones de tempore, de sanctis, de B. Virgine Maria et de diversis, t. IX, Firenze: Ad. Claras Acquas (Quaracchi), 1901.*

B. **BAC: Biblioteca de autores cristãos**

Buenaventura. *Obras de San Buenaventura,* t. I, 1ª. ed. Madrid: BAC, 1945;

______________. *Obras de San Buenaventura,* t. IV, 1ª. ed. Madrid: BAC, 1947.

______________. *Obras de San Buenaventura,* t. V, 1ª. ed. Madrid: BAC,1948.

II. Comentários:

CAROLI, Ernesto (cura), *Dizionario Bonaventuriano*. Padova: Ed. Francescane, 2008.

BIGI, Vicenzo Cherubino. *Studi Sul Pensiero di San Bonaventura. Assisi:* Edizioni Porziuncula, 1988.

CECCHIN, Stefano M. *Maria Signora Santa e Immacolata nel pensiero francescano. Per una storia del contributo francescano alla mariologia.* Città del Vaticano: Pontificia Academia Mariana Internationalis, 2001.

MERINO, Jose Antonio Y FRESNEDA, Francisco Martinez (coord.). *Manual de Teologia Franciscana*, Madrid: BAC, 2003.

WAYNE HELLMANN, *J. A. Divine and created Order in Bonaventure's Theology,* tr. ing. Nova Iorque: The Franciscan Institute San Bonaventure, *2001.*

III. SIGLAS de algumas obras ou sermões de são Boaventura

Apol. Paup. Apologia dos pobres.

Christ. Un. Omn. Mag.: Cristo, único mestre de todos.

De Ann. B. V. M.: Sobre a Anunciação da Virgem Maria.

De Purif. B. V. M.: Sobre a Purificação da Virgem Maria.

De Assumt. B. V. M.: Sobre a Assunção da Virgem Maria.

Dom. Pent.: sermão do Domingo de Pentecostes.

DSSt.: Conferência sobre os sete dons do Espírito Santo.

In Joan: Comentário ao evangelho de são João.

In Nat. Dom. Sermão sobre o Natal do Senhor.

Sent.: Comentários às Sentenças de Pedro Lombardo.

SS. Angelis: Sermão aos santos anjos.

Printed by Books on Demand GmbH, Norderstedt / Germany